Nouvelles Promenades florentines

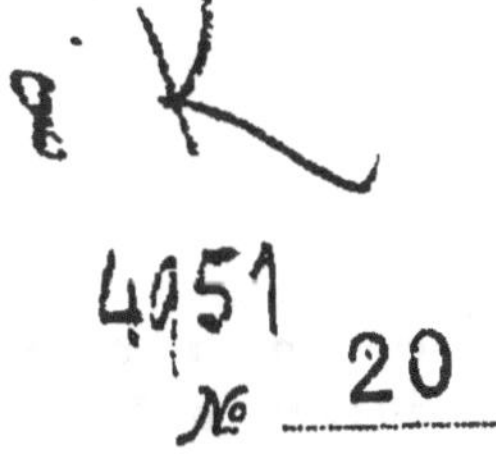

Il a été tiré de cette plaquette cent exemplaires numérotés

Nouvelles Promenades florentines

10 Novembre 1903
10 Janvier 1904

Imprimerie
Louis GILBERT & Cⁱᵉ, Genève
Grand'Rue, 40

SAN MINIATO

La nuit tombe sur le paysage de grâce et de mélancolie qu'est ce coin de la terre toscane. Qu'importe ! Ce n'est pas une vision, mais un rêve que nous allons chercher. La ligne exquise des montagnes ombre légèrement le ciel; çà et là surgissent des collines couronnées d'édifices et de cyprès; il y a des plans, des arrière-plans, des perspectives enchanteresses et infinies.

Et la route monte dans l'obscurité des grands arbres. L'air est plein des suaves adieux de l'automne. Florence est là, comme un joyau précieux qui repose au fond de son écrin de montagnes. Dans la brume du soir flottent au loin les ombres immenses de ses dômes et de ses campaniles.

La route monte ; et les dernières lueurs du crépuscule caressent tendrement la façade sereine de l'église San Miniato. Sur l'église s'allume la première étoile... « Si tu suis ton étoile », dit le poète de Florence.

Alors toutes les cloches se mettent à pleurer le jour près de mourir, et le deuil de l'automne, et le déclin des saisons, et l'écoulement des choses, en regard de l'Eternité. Cette étoile que Dante a pu voir s'allumer sur cette église, ces cloches dont ici même il a pu recueillir les accents... Oh ! quelle heure de beauté fut celle où tout le passé revécut dans une seconde du présent !

Plus que tout autre, ce paysage a bu l'amour du cœur humain ; plus que tout autre, il hante des esprits, il évoque des rêves. Nous l'avons vu, dans le fond des toiles aimées, esquisser les formes de ces mêmes collines, de ces mêmes montagnes, tandis qu'au premier plan une madone nous souriait de son ineffable sourire.

Nous l'avons vu peuplé d'anges et de saints, étoilé d'auréoles, effleuré de rondes ailées.

Florence est là, par qui Dante fut exilé, pour qui Savonarole est mort. Florence est là, qui tortura le cœur de Michel-Ange.

Florence est là, si vague et si sombre, qu'elle put se dessiner ainsi dans le rêve nostalgique d'une agonie lointaine, au lit de mort de Dante à Ravenne ou de Léonard à Amboise.

Florence est là, toute belle et tant aimée, Florence, l'unique Florence.

Les cloches éveillent des échos mystérieux ; elles ont des résonnances singulières ; et ce chœur des voix de Florence monte dans la nuit vers la colline de San Miniato, parmi l'harmonie des vibrations argentines, tandis que, sur la vieille église de marbre, s'allume la première étoile.

Si tu suis ton étoile, tu arriveras au port glorieux ! Si tu suis ton étoile...

Est-il vrai que pour avancer sur la route, on doive fixer les yeux sur un point de lumière qui brille dans l'au-delà !

Emerson nous disait d'atteler notre charrue à une étoile.

L'humble labeur quotidien peut toujours se rattacher à quelque grande et pure idée.

Si tu suis ton étoile... Dans toute vie il est une heure où l'âme sent qu'un astre s'est levé sur elle ; puisse-t-elle s'orienter vers cet astre, être fidèle à l'heure de son illumination !

San Miniato qui, dans sa beauté suave, a l'air de se faner comme une de ces roses d'automne dont l'air ici se parfume, San Miniato paraît sourire à la jeunesse de son étoile...

Ces roses d'automne ! elles apparaissent comme un sourire de la vieille terre où dorment les morts, comme un jouet tendu par l'aïeule aux pauvres enfants que sont les vivants d'aujourd'hui.

La pure et pâle lumière du jour inonde le paysage. Florence est sculptée dans la grâce de ce jour d'automne, et les montagnes s'échancrent sur des lointains d'autres montagnes, que la brume et la distance font vaporeuses.

Montagnes et collines portent des constructions blanches, éparses, précises et mystérieuses, comme tel vers de Dante : elles ne s'imposent pas, elles se fondent dans l'harmonie générale des choses.

Une vie intense se révèle ; la vie humaine a consacré chaque motte de cette terre ; et quelles énergies humaines se sont déployées dans l'immense suavité du cadre choisi !

Energies de crimes et de vertus, énergies d'action et de rêve, de haine et d'amour, de politique et d'art, quels hommes ont passé à travers la splendeur adoucie de ce décor automnal !

De la vie et du rêve, il y en a partout, sur ces sommets de collines, au flanc de ces montagnes, dans le fond de ces vallées ; les châteaux, les villes, les monastères se dessinent, chaque point a son histoire et sa légende, et, derrière les murs blancs, nous devinons les bouquets de nuances effeuillées que forment les fresques touchées par leur automne, fresques pâles où flotte encore, avec un prestige, le songe d'un maître aimé...

Fresques pâles, sœurs de ces roses d'automne dont la joliesse est digne de fleurir la toile d'un primitif, de ces roses d'automne, écloses à l'ombre des cyprès, souriant à nos yeux comme une tendresse de la vieille terre qui a bu tant d'amour !

Les cyprès de Toscane furent regardés par les maîtres. Fra Angelico, Benozzo Gozzoli, Léonard de Vinci, ont mis, dans leurs paysages, des silhouettes de cyprès. Ici, partout, se profilent leurs quenouilles sombres.

Un jeune cyprès, fier et pur, se dresse sur l'azur du ciel, isolé dans l'orgueil de son feuillage immuable, tandis que toute la gamme des ors, colorant d'autres feuillages, vient mourir à ses pieds.

« Et tu apprendras, dit le poète de cette terre, combien il est beau de se faire un parti de soi-même. »

Là se place un noble récit du XIme siècle :

l'histoire de saint Jean Gualbert. Il était membre d'une riche famille florentine. Un ennemi avait assassiné son frère Hugues ; et, suivant les idées du temps, Jean Gualbert demeurait chargé d'accomplir la *vendetta*. Comme il gravissait la colline de San Miniato, il rencontra l'assassin seul et désarmé. Celui-ci se jeta à genoux, implorant sa pitié, et saint Jean Gualbert pardonna.

Sans doute un combat avait déchiré son âme, car, épuisé, frémissant, il se précipita dans l'église au pied du crucifix. Et la tête de l'image sacrée s'inclina vers lui, pour lui signifier l'approbation du Maître.

Ainsi le saint avait suivi son étoile, cette lueur de miséricorde illuminant la route... Les opinions humaines, variées et changeantes comme les nuages, interceptent le rayon des étoiles qui luisent sur les consciences. Les contemporains de saint Jean Gualbert estimaient sans doute que la *vendetta* constituait son devoir évident, son devoir en regard de son frère mort !

Sans doute, la pitié leur semblait une lâcheté. C'était l'honneur qu'il fallait immoler au devoir, car la pitié réclamait à saint Jean Gualbert le sacrifice de son honneur.

Quel drame intime s'est donc passé dans ce clair paysage ? Saint Jean Gualbert, gravissant la colline et, au détour du chemin, rencontrant sa destinée sous la figure de l'ennemi désarmé. Il hésite peut-être lui-même sur son propre devoir ; chaque époque jette sur les consciences l'ombre de ses préjugés, et les nuages sont épais, et si faible, si lointain, le rayon de l'étoile... La simple loyauté dut éloigner de lui la pensée d'attaquer un ennemi désarmé, et ce premier sacrifice lui valut une illumination plus grande. L'étoile se dégagea des ombres, elle resplendit de sa pureté. L'étoile signifiait miséricorde et pardon.

Mais les plus beaux devoirs sont souvent les plus incompris. Qui sait si le saint lui-même ne gardait pas au fond du cœur une sorte d'incertitude? N'avait-il pas, en pardonnant au nom du Christ, sacrifié son frère mort? Il est toujours difficile aux vivants de se représenter les morts délivrés des passions et des préjugés de cette vie terrestre, qu'ils regardent maintenant *sub specie aeternitatis*. Et c'est en obéissant aux lois éternelles qu'on obéit à leur plus intime volonté.

Saint Jean Gualbert, au pied du crucifix, reçut l'approbation suprême...

Ainsi ce doux paysage et cette pure église sont mêlés à l'histoire d'un homme qui suivit son étoile.

IMPRESSIONS DE FIESOLE

Par un beau soleil de novembre, plus clair que chaud, et caressant la terre à travers un voile de brume légère, nous sommes partis pour Fiesole. On voudrait inventer des mots pour décrire les charmes de cette nature toscane. Il y a de la grâce et de la majesté, de la finesse et de la grandeur, je ne sais quel caractère de suave tendresse. L'automne étend sur tout cela comme une influence de mélancolie sereine.

Des sommets et pas d'angles. Les hauteurs s'arrondissent, sans mollesse toutefois. Des vallées largement ouvertes à la lumière. Les pentes ont l'air de s'incliner vers elles, dans un mouvement de bonté. Le feuillage des cyprès et des pins apparaît avec la riche douceur du velours sombre, sous la caresse du ciel toscan. Et les oliviers — un frisson d'argent pâle flottant autour de leurs branches — alternent avec les cyprès et les pins, comme des sonneries de cristal pourraient piquer leurs notes fluettes sur l'accompagnement des cloches de bronze. Par ci, par là, d'autres arbres, sous leur feuillage d'automne, apparaissent vêtus d'or, comme les victimes marquées d'avance pour le sacrifice hibernal.

Ce paysage est une immense harmonie, dans l'enchantement de ses tons veloutés et de ses lignes courbes.

En même temps il est immense, d'une précision inimaginable. Nous ne perdons aucun détail de ces collines, sculptées comme les portes de Ghiberti. D'autres montagnes se dressent, regardant par-dessus les épaules de celles-ci, et leurs formes s'évaporent dans la brume ; là-bas, c'est la suite mystérieuse et vague des ondulations bleues.

Nous ne nous y trompons pas : ici souriait la Joconde. Nous prêtons à son âme les sinuosités de ce petit cours d'eau, le Mugnone, qui va se jeter dans l'Arno. Ces hauteurs, nous les avons vues sillonnées par le pompeux cortège des rois mages dans le tableau de Gentile da Fabriano et dans la fresque de Benozzo Gozzoli. Sur telle prairie inclinée sont venus danser les anges de Fra Angelico. Ces roses ont fleuri jadis pour Botticelli ; encore çà et là, il reste bien des coins pour y placer des *Annonciations*, des *Naticités*, des *Saintes Familles*, et tous les beaux rêves d'artistes, rêves emprisonnés aujourd'hui dans les musées.

Etrange parfum de l'autrefois ! que de diversités dans cette harmonie ! De Florence à Fiesole, on désigne au voyageur la villa Palmieri, où Boccace a mis les personnages de son *Décaméron* ; le couvent de saint Dominique, que Fra Angelico habita pendant des années avant de venir à Saint-Marc de Florence ; la Badia, que visitait la fameuse Académie Platonicienne de la Renaissance — Marsile Ficin, Ange Politien, Pic de la Mirandole y dissertèrent —; la villa Médicis où Laurent le Magnifique aimait à se reposer.

Des âmes subtiles ont aimé la douceur subtile de ce paysage. Marsile Ficin y lisait et y commentait Platon ; Fra Angelico y rêvait la Madone et des anges. Il y a beaucoup de musique dans le passé...

La nuit descend avec la grâce d'un voile qui s'abaisse. Le croissant de lune est suspendu comme une grosse larme prête à tomber sur cette nature défleurie par l'automne. Ici plus qu'ailleurs, par la volonté de Dante, cet astre apparait comme la « perle éternelle » dont il a fait le séjour de Piccarda.

Ici, là, derrière d'humbles vitres, des lampes s'allument. Elles semblent s'appeler et se répondre à travers les espaces où règne la nuit.

Le passé, le rêve, les souvenirs s'effacent, ainsi que le décor, devant la notion de l'impérieuse réalité.

Je ne vois plus que ces petites lampes sous le rayon desquelles on vit, on peine, on souffre peut-être...

A TRAVERS LES RUES DE FLORENCE

Novembre, à partir du Five o'clock.

Pour connaître intimement une ville, n'est-il pas excellent de la voir en novembre, alors que les vacances ont cessé, que les voyageurs se font plus rares, et que les cités vivent mieux leur vie propre ? L'ombre s'incruste de lumières. Il y a la Florence *fashionable*, avec ses clairs salons d'été, ses magasins aux riches étalages, ses bouquinistes et ses libraires chez qui toutes les littératures s'échantillonnent à plaisir.

Une foule bruyante inonde les rues. De jeunes institutrices, des écolières, peut-être au sortir d'un cours, se précipitent dans les librairies pour acheter des livres.

Des hommes affairés traversent les taches de lumière que les devantures jettent sur les dalles des trottoirs. Des élégantes descendent de leur coupé, joliment emmitouflées de fourrures, pour entrer chez la marchande de modes. Des mendiants les guettent, afin d'attraper une obole en leur ouvrant la portière, et des mendiantes, afin de les apitoyer sur le frêle bambin qu'elles tiennent entre leurs bras.

Ayons la curiosité de regarder, un instant,

comment la vie du XXme siècle s'adapte à ce cadre médiéval.

Les livres que nous présente l'étalage des libraires sont faits pour charmer le goût des raffinés. Aux vitrines apparaissent des émaux, des plâtres, des bronzes, des marbres, des photographies, qui reproduisent des chefs-d'œuvre pour lesquels le monde accourt à Florence comme au plus exquis des sanctuaires d'art. De cet art nait toute l'industrie de la cité. Cela même indique que Florence compte sur une vaste clientèle étrangère. Elle a raison : beaucoup d'Anglais et d'Américains, d'Anglaises et d'Américaines, dessinent, au sein de la foule italienne, leurs reconnaissables silhouettes. L'Angleterre subit toujours la fascination de l'Italie, elle y a de poétiques souvenirs : Byron, Shelley, les Browning. Ces pèlerins de beauté nous rappellent les admirables vers de Dante :

« Hélas ! pèlerins, qui allez pensifs au sujet de choses qui là ne sont pas présentes, venez-vous de si lointains pays, comme votre aspect le démontre à la vue, que vous ne pleuriez pas quand vous passez au milieu de la cité dolente ? »

Toute la psychologie mélancolique du voyageur est contenue dans ce début de sonnet. Le fond des idées intimes repose toujours sur les associations familières et lointaines, et ils coudoieront les fils de la cité dolente, ne comprenant pas ce qui fait pleurer ceux-ci, car les coudes se touchent, mais, malgré les espaces franchis, les océans roulent encore entre les pensées.

Tournez à ce coin de rue : à deux pas de ce salon

de thé, très confortable et très moderne, devant lequel stationnent des équipages, vous avez une ruelle étroite, sombre, bordée de murs rébarbatifs, où des angles imprévus, des voûtes inexplicables, des ombres coupées de faibles lueurs, vous jettent en pleine Florence médiévale, à l'époque où les pèlerins, rêvant de choses lointaines, ignoraient que cette ville avait perdu sa Béatrice !

Les demeures apparaissent solides et closes, telles qu'aux jours décrits par Dino Compagni, où les Florentins jugeaient à propos de faire de leurs maisons des forteresses. Ici peut-être ont passé les deux dames saluées par Dante, avec ce battement de cœur répercuté à travers les siècles, Béatrice et Giovanna, marchant l'une devant l'autre, détail qui nous fait apprécier l'étroitesse de la ruelle médiévale.

L'ombre massive d'un palais. Un vaste porche ouvert sur des perspectives de cours et de grilles obscures, dont la faible lanterne semble avoir pour but de nous indiquer le mystère : c'est le palais Strozzi, célèbre demeure de l'ancienne Florence. A quelques pas, dans la rue éclairée, un délicat et pensif visage de marbre s'évoque derrière la vitrine d'un magasin. Il s'agit de la reproduction d'une œuvre florentine, dont l'original est actuellement au musée de Berlin : Luisa Strozzi, duchesse d'Aragon, par Francesco Laurana, le maître auquel le *Bargello* doit une curieuse *Battista Sforza*. Sans rien chercher, nous avons le décor tragique d'un drame, un touchant visage d'héroïne. Luisa Strozzi, derrière cette vitrine étincelante, ressemble à une exilée. Elle naquit sans doute dans le vieux palais, d'une austère élégance.

« Ce que fut ma vie depuis lors, Dieu le sait! »

L'envie nous vient de lui appliquer ce vers de Dante inspiré au poète par une touchante Florentine, Piccarda Donati. Ah! Dieu seul connaît le grand inconnu dont se compose le fond de toute vie humaine !

La paysanne qui, sur la route de Fiesole, veillait, l'autre soir, près de sa lampe, est aussi mystérieuse que vous, Luisa Strozzi.

LA MAISON DE DANTE ALIGHIERI

Il n'en subsiste qu'un fragment. Elle s'étendait jadis beaucoup plus, mais les deux pièces que l'on nous montre peuvent éveiller en nous des émotions. On nous dit : « Ici naquit Dante. Il dormait ici. Là il travaillait ».

Je ne sais si ces désignations passent pour justes. Elles peuvent l'être, et, pour mon âme, flotte dans cette demeure le parfum de la *Vita Nuova*. Si Dante a dormi réellement ici, c'est dans ce lieu qu'il lui plut d'imaginer ces visions mystérieuses et tragiques de l'Amour, chantées par les premiers poèmes. C'est dans ce lieu qu'il passa les heures de fièvre et de maladie, dans ce lieu que lui furent inspirés quelques-uns des plus beaux entre ses *canzoni*.

« Une dame ornée de jeunesse et de toutes les grâces humaines était là où j'appelais souvent la mort... »

Cette dame que l'on suppose avoir été sa propre sœur se mit à pleurer de le voir tant souffrir !

Peut-être était-il lui-même devant cette fenêtre quand, d'une fenêtre voisine, une autre jeune dame le regardait avec pitié ; peut-être s'était-il assis là pour dessiner un ange, alors que ses amis entrèrent inaperçus. Que de charme il y a dans ces *peut-être !*

A côté des rudes hommes, des êtres aux passions sauvages, que nous peint Dino Compagni et qui peuplent l'enfer dantesque, nous avons quelque peine à nous représenter ces suaves figures de femmes qui sont les héroïnes de Dante. La haine était vivace au cœur de ces Florentins, mais chez Dante, l'amour apparaît plus fort que la haine; quand Béatrice le saluait, il ne se connaissait plus un ennemi.

Humbles faits d'une vie humaine, trésor caché des cœurs impuissants à chanter, éléments de poésie et de beauté que Dante ne crée pas, mais que son génie dégage des profondeurs de la réalité.

Il est le grand libérateur des émotions captives, — captives, faute de paroles pour s'épancher. En même temps il élève les circonstances de cette vie au rang de symboles, de symboles des idées les plus hautes.

Cette maison florentine, étroite et mutilée, doit donc être l'objet d'un pèlerinage. Ne craignons pas de distraire, pour elle, une heure de notre temps aux sanctuaires d'art et aux beautés de la nature toscane. Comme les chefs-d'œuvre, elle est apte à nous donner de nobles rêves.

On peut railler ces considérations sous prétexte de vaine sentimentalité. Il n'en est pas moins vrai que l'on aime à se dire : c'est dans un tel lieu... Shakespeare n'a jamais mis dans aucun de ses vers plus de musique que dans ces petits mots du *Marchand de Venise* : « C'est par une belle nuit ».

LA BADIA DE FIESOLE

Presqu'à mi-chemin de Florence à Fiesole, non loin du couvent de Saint-Dominique où le Beato Angelico passa plusieurs années de sa vie, s'élève l'abbaye de Saint-Romulus, communément appelée l'abbaye ou *badia* de Fiesole. On s'attendrit toujours à voir de vieilles pierres dans un beau paysage. La façade de l'église est très ancienne, antérieure même à San Miniato. L'abbaye fut fondée en 1028. Sur l'ordre de Cosme de Médicis l'Ancien, Brunelleschi reconstruisit ce couvent. D'une terrasse on aperçoit la campagne d'automne, les ondulations bleues des hauteurs lointaines, et la colline de Fiesole, délicate et précise, se dresse au-dessus de nous. Puis nous pénétrons dans le couvent devenu un collège ; tous les élèves sont partis, car le jeudi est jour de congé. Nous traversons le joli cloitre intérieur ; nous passons devant la bibliothèque des Médicis transformée en chapelle ; ces Médicis, amoureux de beaux livres, avaient des bibliothèques dans je ne sais combien de palais, de villas et de couvents. La décoration de la porte et des deux fenêtres nous prouve, une fois de plus, la finesse de leur goût. Enfin nous arrivons à la *Loggia* de Brunelleschi, que dirai-je? Elle a toute la grâce des *loggie* de la Renaissance, la courbe exquise des arceaux, la pureté aérienne des colonnettes. A côté de ce petit morceau d'architecture, d'une élégance achevée, le jardin d'automne, où l'herbe se fane sous quelques oliviers traversés de soleil comme des êtres immatériels, plaît et séduit par son aspect un peu négligé. Il forme terrasse, ce qui permet de revoir le doux paysage toscan, les champs dorés, les collines bleues, et, au sein de ce cadre, dans un flottement de brume, le profil de Florence, voilé, mais reconnaissable.

Le bon soleil chauffe la *loggia;* c'est ici qu'on aimerait à s'asseoir, sur les bancs de pierre, afin de lire et de rêver.

Florence lointaine et silencieuse, apparaissant avec le dôme et les campaniles qui sont ses traits caractéristiques, avec son paysage — harmonie de Toscane et d'automne ! — dans ce clair arceau de *loggia*, c'est le décor choisi pour une de ces *Annonciations* qu'aimaient les peintres toscans. Ici venaient lire et penser les membres de l'Académie platonicienne, amis de Laurent le Magnifique. Pic de la Mirandole y composa, dit-on, les commentaires de la Genèse.

Il est doux d'associer à ce site de rêve le souvenir d'une âme profonde et mélancolique, comme le fut celle du brillant Platonicien de la Renaissance.

De là, Florence paraissait n'être plus que l'« Idée » de Florence, et l'on pouvait oublier la réalité des misères humaines. Mais l'âme de Pic de la Mirandole demandait autre chose que la prodigieuse érudition par laquelle il fut célèbre.

Il laisse à ses contemporains leur étroite admiration de l'antiquité ; il réhabilite les scolastiques ; il écrit sur le mystère de l'être humain, avec l'accent des âmes qui ont frémi jusqu'à leurs racines.

« Je t'ai placé au milieu du monde, dit le Créateur à Adam, afin que tu puisses plus facilement promener tes regards au-dessous de toi et mieux voir ce qu'il renferme. En faisant de toi un être qui n'est ni céleste ni terrestre, ni mortel ni immortel, j'ai voulu te donner le pouvoir de te former et de te vaincre toi-même ; tu peux descendre jusqu'au niveau de la brute et tu peux t'élever jusqu'à devenir un être divin. En venant au monde, les animaux ont tout ce qu'ils doivent avoir; quant aux esprits d'un ordre supérieur, ils sont dès le principe, ou du moins bientôt après leur formation, ce qu'ils doivent être et rester dans l'Eternité. Toi seul tu peux grandir et te développer comme tu veux, tu as en toi les germes de la vie sous toutes ses formes. »

Jérôme Savonarole dit le mot de paix sur ce grand esprit ; ce platonicien fut chrétien ; il entreprit d'humbles œuvres de charité, puis, après sa mort, il voulut reposer à San Marco, vêtu de l'habit dominicain, comme Dante avait désiré l'être de la robe franciscaine.

Dans le vieux jardin d'automne, un jeune prêtre marche en lisant son bréviaire. Quelque part un violon essaie timidement des notes, et ce mince filet de son s'égoutte au sein du grand silence.

Florence apparaît comme une ville de songe.

Un parfum d'âmes anciennes semble flotter autour de nous. Est-ce Florence ou l'« Idée » de Florence ?

Pic de la Mirandole eut peut-être l'illusion de voir se dessiner d'ici l'idée pure d'une cité. Mais il s'était imprégné de l'atmosphère florentine ; et la vue de cette ville éclatante ne pouvait bannir la pensée que les choses terrestres ont leur fin. A ce sujet, poètes et prosateurs ne se contredisent guère.

« Toutes ces choses ont leur mort comme vous — ainsi parle Dante, — seulement quelques-unes semblent durer, parce que votre vie est courte. »

« Comme le ver naît dans la pomme intacte, écrit Dino Compagni, il convient que toutes les choses créées aient en elles la cause de leur déclin. »

Pic de la Mirandole aimait à se tourner vers l'Incréé. Ainsi fait le jeune prêtre qui lit son bréviaire dans le jardin d'automne, tandis qu'une âme de musique, planant sur la vétusté des œuvres humaines, soupire et se plaint.

TOMBES FLORENTINES

Cloîtres, églises, chapelles sont bordés de tombes. Partout des inscriptions funéraires. A San Miniato, le cimetière forme terrasse et domine le paysage exquis. Ici la mort apparaît douce, paisible, encore toute mêlée à la vie, et le pas se fait léger en passant sur le sommeil de ces êtres humains qui ne nous en veulent pas d'être leurs visiteurs d'un jour.

Ils dorment sous les cyprès, sous les roses, sous les fresques, parmi les marbres et le gazon. Donatello, Verrocchio, Antonio Rossellino, Benedetto da Majano, Desiderio da Settignano, pour eux, ont sculpté leurs rêves. Il en est venu d'autres, plus récents, et les anciens leur ont fait place, sans jalousie. A leur propos, on se rappelle l'admirable poésie de Christina Rossetti :

Le chemin monte-t-il jusqu'au bout ?— Oui, jusqu'à la fin. — Et le voyage prendra-t-il tout le jour ? — Du matin jusqu'au soir, mon ami. — Mais est-il, pour la nuit, un lieu de repos ? — Un toit, quand viennent les heures lentes et sombres. — L'obscurité le cachera peut-être à mes yeux ? — Vous ne pourrez manquer cette auberge. — Rencontrerai-je d'autres voyageurs à la nuit ? — Ceux qui sont partis auparavant. — Devrai-je frapper ou crier, quand je serai en vue ? — Ils ne vous laisseront pas à la porte. — Faible et las du trajet, trouverai-je un réconfort ? — Vous aurez le paiement de votre peine. — Y aura-t-il des lits pour moi et pour tous ceux qui cherchent ? — Oui, des lits pour tous ceux qui viennent.

Des lits pour tous ceux qui viennent ! Comment ne pas appliquer ces mots au sol de Florence ? Lisez les inscriptions qui bordent les murs frôlés par votre robe, celles que foule votre pied distrait, et vous verrez que des Russes, des Polonais, des Anglais, sont venus dormir sous cette terre légère. Aux jours mêmes de Dante, le sol toscan savait parler à l'âme. Le poète s'en souvient lorsqu'il veut dépeindre le sol du Purgatoire.

Baisse les yeux.
Il te sera bon pour alléger ta marche
De voir le lit de tes pieds.
... Pour que l'on fasse mémoire d'eux,
Sur les ensevelis, les tombes à terre
Représentent ce qu'ils étaient auparavant.
A cause de cela, bien des fois on pleure,
Par l'aiguillon du souvenir
Dont les âmes miséricordieuses, seules, sentent la douleur.

Et lorsqu'on se promène dans ces doux cloîtres, lorsqu'on erre sous les voûtes de ces pures églises, en Toscane, on aime à redire les vers de Dante : « Baisse les yeux, il te sera bon, pour alléger ta marche, de voir le lit de tes pieds », vers dont la grave beauté prend une signification morale, symbolique. Car il ne vaut rien pour nous de traverser la vie avec des pas trop bruyants ; le silence est favorable au travail comme à la prière, et ces tombes « *terragne* » nous donnent une belle leçon d'humilité.

Nous voyons défiler ces chapelles Tornabuoni, Strozzi, Peruzzi, Pazzi, Falconieri, noms de vieilles familles florentines ; certaines sont célèbres par leurs drames, leurs héros, leurs héroïnes de vertu, de douleur, d'amour, de crimes et de sainteté ; déjà les figures féminines de Dante nous avaient initiés au charme de quelques dames d'autrefois. Lisez l'*Enfer* du poète ; lisez les chroniques de Dino Compagni, Corso Donati, Rossellino della Tosa, voilà les hommes auprès desquels était appelée à vivre une Piccarda Donati. Parmi les personnages de Dino, nul ne comprendra la nostalgie secrète de cette âme, mais quelqu'un passa à portée de son sacrifice : ce quelqu'un était Dante. Il savait deviner une plainte silencieuse ; et Piccarda revit à jamais dans un de ces chants dont la durée semble devoir se mesurer par celle des étoiles.

Piccarda fut la sainte de la famille Donati. Ces familles turbulentes avaient leurs saintes ; Piccarda ne fut jamais canonisée ; mais nous connaissons la bienheureuse Villana de Cerchi, la sainte Madeleine de Pazzi, la sainte Julienne de Falconieri, la sainte Catherine de Ricci, née, elle, dans ce palais Riccardi que parfume délicieusement le rêve de Benozzo. Ce nom de Pazzi, lié au souvenir d'une conspiration célèbre, rappelle la phrase d'Alessandra Minghetti Strozzi à ses fils exilés : « Qui est avec les Médicis s'en trouve bien, avec les Pazzi s'en trouve mal ! » Pauvres Pazzi, marqués du sceau de la malchance à travers l'histoire florentine ! Quant à sainte Catherine de Ricci, elle était de ces femmes extraordinaires qui joignent le charme du cœur, la sûreté du conseil, la profondeur et la vivacité de l'esprit, aux plus mystérieux des dons surnaturels.

Il y en avait d'autres ; quantité de jeunes
mortes, celles du Moyen-Age, vénérées de loin, puis
d'autres encore, ces Alba, ces Giovanna degli Albizzi, l'une chantée par la poésie des humanistes,
l'autre peinte par Ghirlandajo et Botticelli.

Giovanna degli Albizzi épousa Lorenzo Tornabuoni et mourut à vingt ans. La mort lui épargna
de voir son mari décapité à vingt-sept ans, à la
suite d'un complot politique. Nous connaissons le
pur visage de cette jeune femme, son attitude de
grand lis et sa robe de brocart. Nous connaissons
les fresques du Louvre et de Santa Maria Novella,
qui la représentent. La peinture nous donne une
image plus vivante que la fantaisie des humanistes... Béatrice est une âme ; les mortes de la
Renaissance nous apparaissent sous le fard des
comparaisons classiques, travesties en nymphes
mythologiques.

Il est facile de penser à ces Florentines de jadis
lorsqu'on lit des inscriptions plus modernes, comme
de se rappeler les vers de Dante, lorsque le pied
tâche de se faire léger pour effleurer les tombes
« *terragne* ».

On aime ces vieux morts effacés, aux tombes
presque imperceptibles, et qui veulent bien que
leur sommeil soit bercé par le bruit de nos pas.

L'OPERA DEL DUOMO

Chaque fois que je lisais certains passages du Purgatoire dantesque, un souvenir de Florence s'éveillait dans mon esprit, une œuvre d'art, entrevue au cours d'un rapide voyage, s'esquissait dans ma mémoire. L'œuvre était un peu plus récente que le poème — d'un siècle environ —, mais on eût pu lui donner pour épigraphe les vers de Dante. Hier, au musée connu sous le nom d'*Opera del Duomo,* j'ai revu la *Cantoria* de Luca della Robbia ; par cette intime correspondance, les vers du *Purgatoire* se sont mis à vibrer en sourdine au fond de mon âme : « A l'un de mes sens, ils faisaient dire non ; à l'autre, oui, ils chantent. »

Ils chantent ! la petite salle de musée, claire et silencieuse, pleine de la lumière grise et froide d'un matin d'hiver, oppose l'un à l'autre les deux *cantorie* de Donatello et de Luca della Robbia — deux tribunes de marbre où sont figurés des chœurs enfantins, parmi des ornementations ingénieuses et délicates.

Dans les ateliers primitifs, Luca della Robbia fut proclamé le triomphateur de cette concurrence ; au Dôme, grâce à l'éloignement, à l'obscurité, Donatello qui, sans doute, avait ménagé ses effets, reprit, dit-on l'avantage ; et maintenant Luca della Robbia triomphe de nouveau.

Chez Donatello, la vie déborde, largement, puissamment indiquée ; elle n'est aucunement religieuse ; c'est la joie de vivre, comme elle se manifesterait sous la splendeur d'un ciel méridional, moins subtil que celui de Florence. Chez Luca della Robbia, la vie, moins débordante, est plus intense, car ici le chant s'élève des profondeurs de l'âme, et cette vie obéit à des lois plus mystérieuses que l'éclat du soleil ou la splendeur d'un jour d'été, à ces lois du rythme, de l'harmonie, auxquelles les astres eux-mêmes sont soumis depuis l'origine du monde.

Ils chantent ! les yeux disent : ils chantent, et l'oreille dit : non, comme pour le bas-relief imaginé par Dante. L'oreille dit : non, et cette fois elle se trouve en défaut sur son propre domaine. Réellement ils chantent. Il faut bien qu'ils chantent, puisque notre âme se met à chanter avec eux, et qu'ils la transforment en musique, et qu'elle se sent harmonieuse, toute pénétrée de leur harmonie. Elle donne tort à l'oreille, elle est d'accord avec les yeux.

Ils chantent ! Quelle finesse, quelle élégance dans ces ornementations ! Il faut toujours en revenir à ce mot d'harmonie. Pas une ligne qui n'ait ses propres qualités de charme et qui ne concoure à la beauté de l'ensemble !

Le sculpteur veut traduire en marbre un Psaume de l'Ecriture, il le traduit par un concert, et ce concert est une vie, et l'âme palpite sous

cette vie, et cette âme exalte en beauté visible
l'invisible idée d'une vérité éternelle. Il y a toute
une philosophie de l'univers sous cette pure création du vieux maître toscan. « Louez le Seigneur
dans son sanctuaire », commence le Psaume. Et
les beaux enfants sont recueillis et graves comme
il convient de l'être au sanctuaire ; le son s'échappe
de leurs lèvres ouvertes, et leurs yeux se baissent
sur le grand livre où se lit la parole de Dieu :
« Louez-le au firmament où éclate sa puissance ! »
Ils sont toujours attentifs ; on devine que leurs
voix montent vers le firmament. « Louez-le dans
ses merveilles, louez-le à cause de sa grandeur
sans bornes ».

Il faut voir la beauté de leur visage et de leur
attitude, ce n'est pas sans tremblement qu'il est
possible de louer le Très Haut, et toute leur âme
aspire à se faire voix pour le chanter.

« Louez-le au son de la trompette ». Cette fois,
les beaux enfants de marbre ont pris les trompettes et les entonnent avec ensemble ; la ligne de
ces trompettes suffirait à indiquer la majesté de
leur accord. Et toujours, suivant le Psaume, les
beaux enfants de marbre se servent du psalterion,
de la cithare, de la danse, de la harpe, des instruments, *organis*, de diverses cymbales, pour louer
le Seigneur. Diversité des instruments ; harmonie
de l'effet ; unité de louange. Tout le marbre apparaît vibrant de cette harmonie silencieuse. Le
marbre exulte, mais la mesure est incomparable.
Le marbre exulte, mais il obéit au rythme éternel.

Et la *Cantoria* n'est-elle pas le symbole de l'univers, où les cailloux, les arbres, les ruisseaux, les astres, les âmes forment un immense concert dont le but est de louer le Seigneur !

« *Alleluia* » ! C'est le mot suprême du Psaume. Dans le dernier groupe, un des beaux enfants, qui jouent des cymbales de l'allégresse, tombe agenouillé sous le poids d'une joie telle qu'elle contemple l'Infini. Cet enfant doit être la figure charmante de l'Alleluia qui termine le Psaume. Toute la musique de ses frères traverse son âme, afin de s'achever dans cet acte d'adoration. Les cymbales tombent de ses mains, car il arrive aux confins du silence.

Il n'existe que le silence au-delà de l'*Alleluia*.

Cet enfant a, dans le concert de marbre, le rôle de l'homme dans le concert de la création.

LES INNOCENTI

Luca della Robbia triomphe à l'*Opera del Duomo*. Andrea della Robbia nous émeut à l'hôpital des *Innocenti*. Les enfants furent aimés à Florence. Ils y eurent les deux plus jolis hospices du monde : celui des *Innocenti* et celui du *Bigallo*.

Qui ne connaît ces deux façades exquises dont les siècles ont à peine effleuré la grâce ?

Qui ne connaît les *Innocenti*, ces doux petits êtres emmaillotés ou démaillotés, blancs sur le fond bleu de leurs médaillons ? On croirait que leurs petits bras vont se tendre, leurs petites mains s'ouvrent comme pour implorer...

Comme on les a bien nommés : les *Innocenti* !

« Voyez-vous, semblent-il dire, nous ne pouvons rien à notre misère, et nous n'avons pas demandé à naître ; c'est d'autrui que nous attendons tout. Il faut bien que vous nous donniez quelque chose ! » L'artiste a si tendrement sculpté leur faiblesse !

Un Grec nous aurait présenté de beaux petits dieux de marbre, et il n'aurait pas de même excité notre compassion.

Ils ne sont pas de petits dieux, ces *Innocenti* ;

ils sont de pauvres enfants de la terre, qui ont faim, qui ont froid, qu'un peu de tendresse réchauffera ; et nous les aimerons, comme jamais ne furent aimés les petits dieux de la Grèce.

Andrea della Robbia eut le cœur pris par son sujet. Les terres cuites de cet hospice, il les a pétries avec de l'amour, cet amour de l'enfance qui s'exprime chez Dante en vers exquis et suaves, nuancés d'une observation aussi tendre, aussi délicate que celle d'Andrea della Robbia. Il les a pétries avec l'émotion vibrante de sentir peser sur ces innocents la misère et le crime du monde. Les *Innocenti* nous font chérir le cœur d'Andrea della Robbia.

L'antiquité choisissait dans la réalité de beaux modèles ; les artistes chrétiens se contentent des humbles modèles que leur fournit la réalité quotidienne ; et parce qu'ils ont eux-mêmes le cœur humble, alors qu'ils regardent la vie, ils la pénètrent à des profondeurs d'où jaillissent des beautés nouvelles que l'antiquité a toujours ignorées. La beauté des membres harmonieux, des proportions heureuses, voilà celle que l'antiquité connaît ; la beauté des sentiments humains, du pathétique de la vie, qui s'exprime à travers la faiblesse de l'enfance, à travers l'infirmité de l'âge, à travers la laideur caractéristique de certains traits, celle qui devient, au fond de notre âme, de la musique et qui touche presque à l'infini : celle-là devait leur échapper. Aussi les impressions qu'ils éveillent sont-elles en nombre restreint.

Les maîtres de Florence parcourent le clavier

humain : terreur, pitié, amour, admiration, tendresse. Nous pourrions certes admirer les petits dieux d'Hellas, mais nous voudrions tendre les bras aux *Innocenti* dont le geste nous implore, et sur la grâce desquels l'art touchant du vieux maître fait planer, comme une atmosphère, la misère et le crime du monde.

L'ENFANCE ET LA MORT

L'art florentin est excellemment l'art de l'enfance. Donatello, Antonio et Bernardo Rossellino, Mino da Fiesole, Benedetto da Majano, Desiderio da Settignano, les della Robbia, tous ont sculpté dans le marbre, pétri dans l'argile des multitudes d'enfants, et même quand ils attachent des ailes à leur dos, ces petits êtres restent des enfants de la race humaine, pareils à ceux que nous verrons tout à l'heure jouer dans la rue.

L'art funéraire toscan est plein de ces petites créatures ailées, mais, souvent, les ailes même se dissimulent presque, et l'on se demande pourquoi tous ces jolis enfants escaladent ces sarcophages de marbre, soulèvent ces rideaux de deuil, s'accrochent à ces tombeaux, au lieu d'aller cueillir des fleurs et s'ébattre avec de joyeux petits compagnons. On se les figure effrayés du voisinage de ces êtres rigides, de ces prélats couchés dans leurs vêtements d'apparat, et qui sont des morts.

A San Miniato, le délicieux mausolée de Jacques de Portugal — œuvre d'Antonio Rossellino — nous montre deux bambins parmi lesquels l'un a l'air de sourire et l'autre semble prêt à pleurer. A la Badia, Mino da Fiesole n'attriste pas trop leur douceur. Mais à quoi bon les énumérer ? Les doux maîtres toscans aiment à les évoquer, et comme ils sont de Toscane, ils n'ont pas l'habitude de redouter l'idée de la mort. Chez eux la mort n'est point parquée, séparée de la vie ; sur n'importe quelle dalle d'église, sur n'importe quel degré de perron attenant au lieu saint, sur n'importe quelle muraille de cloître, une inscription vous apprend que votre robe frôle, que votre pied effleure un tombeau...

Ainsi les enfants de Florence devaient souvent jouer sur des tombes, et ce voisinage de l'enfance et de la mort n'a rien pour nous surprendre. Les maîtres toscans se plaisaient-ils, avant Shakespeare, à souligner ces contrastes dont abonde la réalité ? Quelle est la signification symbolique de ces petits êtres ? Sont-ils tout simplement des anges de l'au-delà ? Figurent-ils la postérité spirituelle du mort ? toutes les belles pensées et les bonnes œuvres dont l'influence se perpétue ici-bas, qui gardent l'éternelle fraîcheur de l'enfance, et qui ont des ailes pour accompagner l'âme jusque devant le Très-Haut !

Intagliato in un atto soave...

Sculpté dans une attitude suave. Ce vers de Dante convient excellemment à l'art toscan. Le marbre semble s'y être assoupli et réchauffé, parce qu'il fut imprégné de larmes et de tendresse humaine, et l'impression qui demeure est celle d'une indicible suavité.

DU CAMPANILE A SANTA CROCE

On dirait ce soir qu'un immense hortensia bleu se fane dans l'air de Florence, où monte, léger, le campanile de Giotto, où se détache, puis-sante, la coupole de Brunelleschi. Cette coupole a des tons de rose morte. Ce campanile, cette coupole, ce fond de crépuscule, forment un spectacle de beauté. Et je songe à l'inscription de Giotto dans le dôme, attestant que le campanile qui élève aux étoiles la gloire de l'architecte est tel qu'il en calcula les mesures bien qu'il ne dût jamais le voir réalisé. Une étoile, en effet, s'allume au ciel, sur cette coupole et ce campanile, qui furent les rêves des morts.

Sous le ciel gris de décembre, le vieux cloître franciscain d'Arnolfo, avec ses fresques effeuillées et sa cour ornée de carrés de pelouses, ses jeunes cyprès, ses petites roses frileuses et touchantes. A gauche, l'église de Santa Croce. Au fond, la cha-pelle des Pazzi, œuvre de Brunelleschi, nous mon-tre ses frises de têtes ailées — petites têtes d'anges — sculptées par Donatello, Desiderio da Settignano et Luca della Robbia. Partout, autour de nous, sous nos pas, des inscriptions, des plaques funé-raires. Le cloître, la chapelle, ses décorations nous apparaissent comme des monuments de beauté séculaire sur lesquels plane aussi le rêve des morts.

Il y a presque trop de beauté sur cette terre aimée; la mémoire est impuissante à emporter un trésor aussi lourd. Donatello, Bernardo et Antonio Rossellino, Mino da Fiesole, Desiderio da Settignano, Luca et Andrea della Robbia, Benedetto da Majano, nous avons le sentiment de vivre dans leur atmosphère — une atmosphère où la pureté du marbre s'attendrit sous un rayon de tendresse humaine. Oui, c'est bien l'école toscane, obéissant inconsciemment peut-être au mot de Dante: « *in un atto soave.* »

Florence leur appartient ; ils sont chez eux à Florence.

Leurs madones unissent délicieusement la pureté virginale à la tendresse maternelle ; l'image qu'ils nous donnent de la vie est noble, celle qu'ils nous lèguent de la tendresse est pure, et, chez eux, la gravité de la mort se mêle à la douceur. Ce sont, vous le savez, des enfants qui gardent les tombeaux... On revient toujours à ces beaux enfants de marbre qui figurent peut-être une promesse de la vie d'outre-tombe, l'éternelle jeunesse des vertus, la perpétuité de leur souvenir, leur garde muette auprès des tombes.

Dans cette église, Saint François est célébré par Giotto et par Benedetto da Majano, en des fresques et en une chaire fameuses. Un tombeau de Desiderio fait pendant à un tombeau de Bernardo Rossellino. Une madone d'Antonio Rossellino sourit entourée d'anges. Une autre par Donatello reçoit le Message de l'Annonciation.

Giotto y a retracé l'histoire du Baptiste et celle de l'Evangéliste ; ses disciples Taddeo Gaddi et Giovanni da Milano y disent celle de Marie. Dans les sacristies, il y a le *couronnement de la Vierge* par Giotto, des tabernacles de Mino da Fiesole... et combien d'autres choses !

Florence nous semble parfois devoir s'incarner tour à tour dans chacune des héroïnes de Dante. Elle est Primavera la fleurie ; elle est Béatrice, la glorieuse, encore terrestre, Béatrice de la *Vita Nuova ;* elle est quelquefois Pia, la souffrante, celle qui expie, et Sapia, la haineuse, qui personnifie le génie des luttes civiles ; mais elle est aussi la *Pietosa* dont le poète murmure :

« Il semblait que toute la pitié fût en elle ».

Florence est une *pietosa.* Elle est une *pietosa,* la ville fleurie, parce que, de toutes ses floraisons, il se dégage un parfum d'immortalité. Ce parfum flotte autour des tombeaux, plane sur les cloîtres où l'on contemple l'invisible, se répand sur ces dalles qui sont des plaques funéraires et qui nous parlent de l'au-delà, au moyen de leurs inscriptions. C'est en quelque sorte une terre spiritualisée à force d'être détrempée par des larmes humaines. Dans ces cloîtres et dans ces églises, la mort semble éloigner les terreurs que lui prête le Moyen-Age du Nord, elle aussi nous apparaît « *in un atto soave* ».

MICHEL-ANGE A FLORENCE

A côté de cette douceur, il y a la vision tragi·que de Michel-Ange : le Jour, la Nuit, l'Aurore, le Crépuscule, le Penseur, le Guerrier, une Vierge puissante et tourmentée. On devine que le Maitre s'occupe peu de ces Médicis dont il crée le tombeau, et qu'il se plaît à sculpter son âme.

Il existe un jeu où, par une combinaison de lampes, en plaçant un buste derrière une porte vitrée, et devant cette même porte une personne vivante, le reflet de la figure animée se combinant avec le buste qui transparaît sur la vitre, on voit celui-ci se roser, s'animer, regarder et sourire ; ainsi l'on obtient une effigie qui porte harmonieu·sement la double ressemblance. Cela me paraît le symbole de toute œuvre d'art ; un beau portrait offre une combinaison harmonieuse entre les traits du modèle et le rêve de l'artiste, entre l'âme de l'un et celle de l'autre.

Pour comprendre un peu Michel-Ange, il faut avoir lu ses vers. Ils sont très beaux, d'ailleurs, et parmi toutes les gerbes des humanistes, ils ont un parfum mélangé de Platon et de Dante qui les distingue de tant de fades et fluides élégies imitées de l'Antique. Des souvenirs de Platon et de Dante, oui, mais des souvenirs de Platon et de Dante qui ont traversé l'âme de Michel-Ange. Et l'âme de Michel-Ange ne s'est pas laissé traverser sans leur communiquer la saveur puissante de sa personnalité.

Dans un sonnet adressé à celle qui, selon le rite platonicien, devient pour lui, par sa beauté visible, le symbole de l'invisible beauté, il se plaint du traitement qu'elle lui fait subir : il déclare que, lui-même étant triste, il ne peut la représenter que pâle et défaite.

> *E par che sempre io pigli*
> *L'imagin' mia ch'io penso di far lei.*

« Il paraît que toujours je reproduis mon image, lorsque je pense faire la sienne. »

Cette illusion est le propre de l'artiste. Chez Michel-Ange, elle fut consciente.

Tout le monde a noté cette profonde, cette surhumaine lassitude de la Nuit, et la beauté pathétique de cette Aurore qui s'éveille dans un spasme de douleur :

> *Grato m'è il sonno e più l'esser di sano.*

Dormir ; être de pierre ! Il n'avait pas besoin de commenter ainsi son œuvre, et la beauté sombre de ce quatrain, nous l'avions déjà contemplée dans ces marbres. Michel-Ange a pitié de ce qui veille. Veiller, pour lui, équivaut à souffrir.

Ce n'est plus la pitié caressante que le poète lisait dans les yeux de la jeune dame pâle, penchée à la fenêtre d'une de ces rudes demeures florentines connues au Moyen-Age, la pitié caressante que le sculpteur toscan aimait à rêver « *in un atto soave* ». C'est la pitié farouche et torturée sur laquelle médite un penseur.

Le voilà, celui qui veille ! Il veille, parce qu'il pense, et combien dorment autour de lui ! Il s'est éveillé à cette vie supérieure de la pensée qui plane sur les événements d'une époque. Déjà cette pensée est un refuge, inviolable et sacré comme un sanctuaire. Il est triste, mais un nouvel éveil de son âme, peut-être au-delà de ce monde, lui rendra la sérénité.

M. Addington Symonds remarque que, pour Michel-Ange, toute la beauté visible semble se résumer dans la forme humaine. Il voit en elle le temple d'une invisible beauté qui est celle de l'âme. De sa poésie, comme de toute son œuvre, il exile ces floraisons qui charmaient un Léonard, un Botticelli, un Benozzo, ces jeux de l'ombre et de la lumière, ces nuances, ces demi-teintes, ces sites dont la grâce influence nos rêveries. Dante avait recueilli ces choses. La beauté humaine, le mystère de l'âme, le marbre, le dur labeur de son art, la vie, la vieillesse, le néant des illusions, la mort : voilà ce que chante Michel-Ange, les éléments du drame intérieur qui se joue au fond de son âme, et dont il sait que Dieu est témoin. Au début de sa carrière, ses trois œuvres les plus considérables : la statue de Jules II, le carton de la guerre de Pise, le tombeau du Pape, avaient été détruits ou dispersés, mais il ne se découragea pas. Le marbre prêtait une forme à sa pensée, et sa pensée lui importait plus que la forme revêtue par elle. Il en eût pu dire autant, il est vrai, de cette fameuse statue de neige fondue sous le soleil du jardin des Médicis. En tout cas, cette philosophie est conforme à sa nature; c'est dire qu'elle ne manque pas de grandeur.

Exquise apparaît au goût entier et sain l'œuvre du premier art, qui figure en terre, en cire ou en pierre, les visages, les attitudes, et avec ses membres vivants un corps humain.

Ensuite, si le temps âpre, injurieux et vil, la brise, la tord ou la disperse, la beauté qui fut d'abord demeure dans la pensée qui ne l'a pas accueillie en vain.

LE BAPTISTÈRE

Florence est tendre, Florence a l'amour des petits. Non seulement la suave école toscane a sculpté partout des visages enfantins, et, de bonne heure, l'enfance eut ici des asiles ; mais le Baptistère lui-même appartient à ces petits êtres.

Les portes de bronze d'Andrea Pisano et de Lorenzo Ghiberti méritent le mot de Michel-Ange ; elles sont « les portes du baptême », elles sont « les portes du paradis ».

Aujourd'hui, comme au siècle de Dante, tous les enfants de Florence sont baptisés au Baptistère. Les portes de bronze s'ouvrent devant eux. Le dimanche, dans l'après-midi, c'est un défilé de petites créatures empaquetées — riches et pauvres — suivies des parrains, des marraines, de la famille, des amis ; chaque *bambino* a sa cour. La grande place elle-même est sillonnée de ces groupes joyeux.

Ainsi les Alighieri vinrent baptiser leur Dante, les Portinari leur Béatrice (que celle-ci dût ou non devenir la Béatrice de Dante), les Donati leur Piccarda et leur Gemma, leur Corso et leur Forese ; tous les Florentins et toutes les Florentines que l'histoire ou la poésie ont célébrés furent baptisés en ce lieu. Ici fut nommée la jeune dame pâle aux yeux apitoyés que Dante appelle « cette Pietosa », mais qu'il ne nomme pas. « Mon beau Saint-Jean », disait l'Alighieri évoquant le Baptistère, et il rêvait, après l'exil, d'être couronné « poète sur les fonts de son baptême ».

Sur l'emplacement de ce Baptistère s'élevait jadis un temple de Mars, dont, s'il faut croire les récits, il subsiste quelques pierres. Les petits enfants que l'on amène se soucient peu de toute cette antiquité. Ils se soucient peu de franchir le seuil des portes admirables et de devenir chrétiens là où Dante rêva d'être couronné poète. Leurs figures rouges grimacent, leurs petits bras se tendent, leurs petits poings se ferment... Ils ressemblent à leurs innombrables petits frères que l'art toscan aime à représenter.

Mais les portes séculaires sont plus heureuses que beaucoup d'arcs de triomphe élevés en l'honneur de conquérants fameux. Elles s'ouvrent devant les éternels petits enfants de Florence ; et, dans la campagne, sous le ciel de décembre, croissent toujours les éternelles petites roses de Toscane.

LE QUARTIER DE DANTE

Il est bon d'errer dans le quartier dantesque
pour voir que Dante, le poète du surhumain, le
génie que l'univers réclame à juste titre comme
une part de son patrimoine, fut non seulement
l'homme de sa ville, mais aussi l'homme de son
quartier. L'après-midi décline vers le soir, et les
ruelles sombres, étroites, apparaissent encombrées
de marchands, de flâneurs. Au milieu des pas-
sants un homme qui porte dans une seule main
quatre citrons déclame à voix haute sur le mérite
de ses citrons, espérant qu'un acheteur va surgir.

A droite, une sorte de cour encadrée de ma-
sures inégales, parmi lesquelles on remarque les
enseignes de deux auberges. Cette cour s'appelle
pompeusement Piazza Donati !

La place Donati ! nous comprenons... Ici s'élevait la demeure de cette puissante famille florentine où Dante choisit sa femme et dont il cite di-
vers membres à travers ses œuvres. Piccarda,
Corso, Forese, Nella, tous ces noms familiers à
l'esprit qui vécut un peu dans l'intimité du poème,
s'ajoutent à celui de la jeune femme dont l'histoire a recueilli qu'elle fut la femme de Dante, et

sur le rôle de laquelle la poésie dantesque ne nous éclaire pas.

On a pensé qu'elle fut la dame de la fenêtre. En effet la maison de Dante est là, derrière le pâté de constructions, et l'on peut supposer que la dame de la fenêtre était une Donati. Dans le soir qui descend, il nous plait d'évoquer l'apparition de la Florentine au teint pâle, la *Pietosa*.

Ici passa ce Corso que l'on dirait avoir voulu anticiper sur l'histoire des Médicis : « Pour parler vrai, écrit Dino Compagni, sa vie fut périlleuse et sa mort répréhensible. Il fut un cavalier de grand courage et de grand nom, noble de rang et de coutumes, très beau de corps jusque dans la vieillesse, élégamment vêtu, avec des cheveux blancs, séduisant, instruit et beau parleur, il songeait toujours à de grandes choses, étant familier d'hommes nobles et de grands seigneurs, ennemi du peuple et du populaire, ami des ambassadeurs, l'esprit plein de pensées perfides, coupables, astucieuses. »

Dante est encore plus sévère que Dino Compagni ; il fait ainsi parler Forese dans le *Purgatoire :*

« Le lieu où je fus placé pour y vivre, de jour en jour, se dépeuple du bien et paraît disposé à la triste ruine ; maintenant il advient, dit-il, que celui qui en a la faute principale, je le vois traîné à la queue d'une bête vers la vallée où jamais l'on ne se disculpe. La bête à chaque pas va plus vite, et sa vitesse augmente jusqu'à ce qu'elle le tue, laissant le corps vilainement défait ! »

Ici vint peut-être ce Rossellino della Tosa auquel Corso voulut marier de force sa sœur Piccarda, la belle et douce héroïne des chants de Dante et de Pétrarque.

Que de poésie dans ce décor ! ces deux chétives auberges, dont l'une porte le nom de « la pierre de Dante » parce qu'elle renferme, parait-il, une pierre sur laquelle Dante s'est assis; ces pauvres maisons, cette cour où se dessine un véhicule dételé, et tous ces souvenirs d'histoire, de tragédie, de poésie: les hommes superbes, turbulents et belliqueux ; les jeunes dames pâles dont le teint avait la couleur de la perle à peine visible sur leur front blanc, tous — bourreaux et victimes — nous croyons voir leurs fantômes surgir du passé, descendre des fenêtres et flotter dans les ombres du soir.

Un peu plus loin — pas beaucoup — un écusson se détache au bas duquel on lit ce nom : Portinari. Puis, sur une plaque de marbre, trois vers de la *Divine Comédie* :

> Sovra candido vel cinta d'oliva,
> Donna m'apparve, sotto verde manto,
> Vestita di color di flamma viva.

« Sous un voile blanc et un manteau vert, une dame m'apparut couronnée d'oliviers, vêtue de la couleur de la flamme vive ». Nous reconnaissons les vers qui évoquent, à la fin du *Purgatoire*, l'apparition de Béatrice. Ce nom, cette évocation, nous pouvons les comprendre. Ici fut la demeure des Portinari ; ici vécut la Béatrice de Dante, si, réellment elle était une Portinari.

Une ruelle conduit à la maison de Dante. Ce

chemin que nous suivons par un ciel gris, par un crépuscule de décembre, est-il celui que l'enfant suivit au soir d'une belle après-midi de mai, quand il revenait, exalté du souvenir de ses jeux enfantins, comme tant d'autres petits qui s'enthousiasment en se rappelant les amusements de la journée et les nouveaux amis avec lesquels ils ont lié connaissance? Aurait-on pu prévoir qu'il y avait là une aube de poésie devant illuminer les siècles ?

Ces rues étroites furent-elles le théâtre des rencontres de Dante et de Béatrice, chantées par la *Vita Nuova?* Furent-elles le lieu où Dante salua Béatrice et Giovanna ?

L'una appresso dell'altra maraviglia !

L'étroitesse de ces rues fait goûter la saveur de ce détail : elles marchaient *l'une après l'autre.*

Dans ce même quartier on trouve l'église de la Badia, avec la tombe de Hugues de Toscane, que Dante appelle le grand baron. Depuis, Mino da Fiesole lui a sculpté un beau mausolée sur lequel veillent deux enfants de marbre « *in un atto soave* ».

Dante fait allusion à cette église quand il rappelle que, chaque année, on y commémore Hugues de Toscane, et qu'on y célèbre un service à cette intention le jour de la Saint-Thomas :

> Ciascun che della bella insegna porta
> Del gran Barone, il cui nome e'l cui pregio
> La festa di Tommaso riconforta.

C'est de son horloge qu'il nous parle lorsqu'il dit :

> Florence, dans le cercle antique
> Où elle prend encore tierce et none
> Demeurait en paix, sobre et pudique...

Des plaques de marbre sont posées ça et là, portant quelques vers. Voici le *Bargello* avec sa cour, qui forme le plus merveilleux décor médiéval qu'il soit possible d'évoquer, et que Dante connut palais du Podestà ; que de beaux rêves planent sur ces rues sombres !

VISIONS DE L'ARNO

Beauté du crépuscule tombant sur la Toscane, sur la vallée de l'Arno, sur Florence. Tout bleuit: c'est ce crépuscule unique de Toscane, bleu, d'un bleu qui rappelle celui de certains hortensias. Il s'annonce, il ne règne pas encore sur la terre: et le jour est assez pur pour que nous distinguions les détails du paysage immense que le regard embrasse de la place Michel-Ange.

Florence est à nos pieds. L'Arno se déroule comme un long ruban d'argent. Au-delà de Florence, il y a Fiesole, et toutes les autres collines élégantes, artistement sculptées, puis au-delà de ces collines, de hauts sommets couverts de neige et baignés de soleil, où nulle vie n'apparaît, de hauts sommets, tout de blancheur et de lumière, à l'aspect immatériel.

Par contre, rien de plus intense que le sentiment de vie qui plane sur les collines prochaines, et monte jusqu'à nous de cette vallée.

Cette région enrichit tous les musées du globe, toutes les collections du monde civilisé, qu'il s'agisse d'Europe ou d'Amérique, et si vaste est son trésor qu'à peine elle s'appauvrit elle-même. Quelle bénédiction de Dieu fut donnée un jour sur ces hauteurs, sur les bords de ce fleuve, pour que tant de floraisons d'art y soient écloses ?

Florence est à nos pieds avec son dôme, ses palais, ses cloîtres, ses églises, ses campaniles. Fiesole nous apparaît. Là-bas est ce couvent de Saint-Dominique qui donna à notre Louvre le *Couronnement de la Vierge* de Fra Angelico, là-bas fut cette villa Lemmi, appartenant aux Tornabuoni, qui dota Paris de deux fresques délicieuses de Botticelli.

Ce paysage s'est reflété dans l'âme des artistes, et nous l'avons vu rêver et sourire au fond des tableaux, et le charme de tant d'Annonciations, de tant de Saintes Familles, de tant d'Adorations des Bergers et des Mages que nous avons aimées, flotte encore pour nous ce soir dans le bleu pur du crépuscule qui se fonce, alors que s'éteignent au loin les splendeurs des neiges illuminées...

Ici la nature, semble-t-il, doit exalter en courage et en beauté les sentiments de la vie.

Le fleuve luit encore, son argent devient de l'acier. Il part de là-bas où les neiges resplendissent, le fleuve qui eut l'honneur d'être aimé par Dante : « Mon beau fleuve Arno ». Il est vrai qu'ailleurs il le vilipende, de cet accent passionné qui appartient à la haine comme à l'amour — et parfois il arrive à l'amour de se prendre pour la haine !

« Au milieu de la Toscane se répand un petit fleuve qui naît dans Falterona, et cent milles de cours ne le rassasient pas. Sur ses bords, je reçus la vie. Vous dire qui je suis serait parler en vain ;

parce que mon nom ne résonne pas encore beaucoup. — Si je pénètre bien le sens de tes paroles avec l'esprit, me répondit alors celui qui s'était adressé à moi le premier, tu parles de l'Arno. — Et l'autre lui dit : « Pourquoi cache-t-il le nom de cette rivière, comme on fait d'une chose horrible? » Et l'ombre de celui qui était interrogé s'acquitta ainsi : « Je ne sais, mais le nom d'une telle vallée est bien digne de périr. »

On devine pourquoi : C'est parce que, dans cette vallée, « la vertu fuit comme une ennemie », et toute la mélancolie du soir se reflète dans l'Arno, alors que sur le Ponte Vecchio, là où, depuis des siècles, travaillent les orfèvres, une ou deux fenêtres s'illuminent.

La route descend par cette pente dont l'image hantait notre poète, quand il décrivait le Purgatoire : « A main droite, pour aller au mont où se trouve l'église qui domine Florence, la bien gouvernée, par dessus le pont Rubaconte, de la montée s'interrompt la pente hardie par des escaliers qui furent taillés à l'époque... »

Nous descendons, nous, par cette pente hardie qui s'adoucit en belles routes inclinées, et que bordent des rosiers fleuris. Les délicieuses petites roses possèdent je ne sais quel charme pénétrant, alors qu'elles pâlissent dans le soir, et l'on aime qu'elles aient ainsi hanté le rêve des peintres et des poètes. Dante a chanté la glorieuse rose blanche du Paradis. Benozzo Gozzoli, Botticelli, ont peint des petites roses, toutes pareilles à celles-ci ; chez Botticelli, elles s'échappent de la robe de

Primavera, elles sont agitées par la main des anges devant la gloire de Marie, de ces anges à l'air désolé de sentir fugitive la gloire des fleurs qui les charment.

Benozzo Gozzoli en étoile des buissons sur la route de l'exquise chevauchée des rois mages au palais Riccardi. Cet immense paysage, ce fleuve, les ondulations harmonieuses de ces collines, ces purs et lointains sommets de neige, tout cela paraît s'accorder mystérieusement avec ces hautes et pures vérités morales, faites pour exalter les âmes, et qui, dans l'atmosphère d'un salon, parfois, semblent à la merci d'un bon mot.

BOTTICELLI

Un des artistes que l'on visite à Florence est certainement Botticelli. Il apparaît comme un de ceux qui nous accueillent dans leur ville. Il dort ici son dernier sommeil.

D'après les indices qui demeurent, ce fut une âme étrange et douloureuse que celle de ce maître. Je ne sais pourquoi ni comment ses figures ont pour certains des tendances à la perversité. D'autres, il est vrai, en reçoivent une impression opposée, conforme d'ailleurs à ce que l'on connaît de sa vie.

Botticelli n'est pas à proprement parler une âme de la Renaissance. Il n'a pas les illusions des humanistes, et sa culture diffère de la leur. Les personnages de ses œuvres mythologiques ont l'air de souffrir un mystérieux exil. Aucun artiste n'a peint plus de roses et n'a fait de ces fleurs un plus mélancolique usage.

Il y a des roses dans *Vénus à Cythère* — une Vénus sans joie, et dont la beauté rêveuse et délicate est loin des splendeurs païennes de la Grèce ou de la Renaissance. Debout dans une coquille, elle attend frileusement que la nymphe qui va lui jeter une draperie, la couvre de ce vêtement improvisé. Elle ne semble avoir aucune des audaces ou des inconsciences du paganisme. Il y a des roses autour d'elle, qui tombent on ne sait d'où, qu'un souffle apporte peut-être, et qui, jouets d'une brise errante, sur l'étendue glauque de la mer, ont comme elle la mélancolie des exilés.

C'est une Vénus pensive, et quand nous l'aurons vue, nous ne serons pas surpris de ce que la Vénus du musée de Londres et celle de l'Académie de Florence sont de grandes dames décemment vêtues, d'une grâce affinée, et dans lesquelles il entre beaucoup d'intellectualité. Elles n'appartiennent pas à la même famille que les créatures du Titien.

Si nous en croyons Tacite, Poppée aimait à se voiler, et sa grâce était imprégnée de décence. Y a-t-il, dans ce type de Vénus ignoré de la Grèce et rêvé par Botticelli, quelque chose d'analogue à la subtile coquetterie de Poppée ? On ne le dirait pas ; Vénus à Cythère a dans les yeux, dans le sourire, un charme nostalgique qui la fait sœur de ces roses errantes sur un souffle de brise, et les deux autres Vénus sont douces, calmes, gracieuses, un peu mélancoliques seulement.

La *Pallas* victorieuse du Centaure n'a pas plus de joie dans la victoire de sa sagesse que Vénus dans le triomphe de sa beauté. Très douce et très belle aussi, dans sa robe lamée, elle a dompté le monstre que sa main délicate emprisonne en le tenant par une mèche de cheveux. Il lève vers elle un douloureux visage ; et elle prévoit peut-être les révoltes futures du vaincu, puisqu'elle est triste.

La scène se passe au bord d'un lac sur lequel glisse un esquif lointain.

Mais une des figures les plus étranges qu'ait rêvées le maitre est celle de la fée du Printemps. Ici, nulle beauté de convention : la bouche est immense dans le visage étroit. Elle ne sourit pas, elle n'a pas la douceur attrayante des Vénus, ni les nobles lignes du visage de Pallas. Pourquoi donc alors retient-elle l'attention plus que Vénus et Pallas, plus même que la Vénus qui occupe le centre du tableau ? A côté d'elle Vénus, les trois Grâces, ne sont plus que de jolies femmes, d'une beauté délicate, il est vrai, et susceptible de prendre une nuance de rêverie, mais elle, elle apparaît comme une enchanteresse.

Il y a toute une vie, tout un monde et quelque chose de plus : toute une âme, dans ces yeux. *Manus pinxit animam*, c'est le lieu de répéter cette vieille devise, car, si jamais peintre a représenté son âme, il faut croire que nous voyons ici l'âme de Botticelli.

Ame inquiète, tourmentée, douloureuse, d'après Vasari, jamais satisfaite. Tout cela se retrouve dans ces yeux verts intenses, où se concentre la vie de ce pâle visage à l'ovale étroit. Sa démarche est légère, elle glisse sans les froisser sur les fleurs des prairies. Toutes les apparitions de Botticelli ont cette grâce aérienne : Pallas, aussi, effleure à peine le sol. Sa démarche est légère, elle est parée de feuillage et de roses, comme celles que, dans le vieux sonnet médiéval, saluait Guido Cavalcanti : « Vous avez en vous la verdure et les fleurs... »

Et, dans les plis de sa robe, elle porte encore des roses dont elle sèmera sa route, car, — faut-il voir là quelque symbole ? — il semble que ses mains se détachent des fleurs en les portant. Malgré l'irrégularité de ses traits, elle est belle, belle de la vie profonde et mystérieuse qui se révèle dans ses yeux. Sa parure et sa légèreté conviendraient à Ophélie, mais ce serait une Ophélie consciente, la véritable âme-sœur d'Hamlet. Elle comprendrait, elle, le prince de Danemark.

Etrange regard qui paraît voir à travers l'horizon le vide des choses ! le printemps lui donne le pressentiment de l'automne, et les roses fraîches lui rappellent les roses flétries ! elle est pâle d'avoir trop songé à leur destin ; elle est lasse, car tout être qui pense a vécu plusieurs vies ; mais elle poursuivra sa route en jetant ses fleurs, qui donneront peut-être à d'autres la joie à laquelle elle ne croit plus !

Avons-nous devant nous une païenne? Loin de là ! les païennes ne cherchent rien au-delà de la beauté des roses, et celle-ci ne ressemble guère aux déesses énumérées par la mythologie. Pourquoi les plus beaux marbres de la Grèce nous intéressent-ils moins que ce visage irrégulier, transfiguré par la présence d'une âme ? Une âme ! voilà le secret de Botticelli : le christianisme avait révélé à l'humanité le monde des âmes, et Botticelli, introduisant une âme dans sa mythologie, fait œuvre de chrétien.

Si grande est la puissance de l'âme qu'elle donne à cette figure une beauté réelle, un attrait

indéniable, une séduction plus forte que celle de,
toutes les beautés païennes. Cette âme peut être
l'âme d'une pécheresse : du moment où elle vit,
elle se lassera des printemps de la terre, elle aura
soif d'éternel et d'infini ; elle se prosternera de-
main sous l'influence de Savonarole.

Savonarole ! L'apôtre s'empara de l'âme ardente
du maitre ! Sa prédication ouvrit sans doute à
Botticelli des horizons nouveaux. Botticelli avait
commencé par peindre des madones, puis, étant
devenu le protégé des Médicis, il avait sacrifié au
goût de l'époque, peignant ces tableaux mytholo
giques où des Pallas ont la grâce compatissante
des héroïnes chrétiennes et les Vénus un air de
modestie et d'humilité, tout cela joint à je ne sais
quel aspect de prescience et de lassitude nostal-
giques.

Savonarole n'était pas, comme on le dit, l'ennemi de l'art. Il apparaît dans l'histoire comme un
éveilleur d'âmes ; et, s'il eût méconnu la grandeur et
la noblesse de l'art, il eût sans doute perdu quelque peu de son influence. M. Geffroy ne croit pas
qu'une œuvre importante ait péri dans les fameux
bûchers de vanité.

Par contre, Savonarole, dit-il, conseillait la lec-
ture de l'antiquité classique, conservait à l'Italie la
bibliothèque des Médicis, que Commines voulait
acquérir pour la France, faisait publier un décret
rappelant le neveu de Dante Alighieri, introduisait
des écoles de dessin et de peinture dans les di-
vers couvents de son ordre. Et les âmes d'artistes
qu'il éveilla au monde de l'au-delà furent celles de

Baccio della Porta qui devint fra Bartolomeo et peignit sous ce nom ses plus belles œuvres, des della Robbia dont deux prirent l'habit par ses mains, de Lorenzo di Credi, de Pollajuolo, de Botticelli, de Michel Ange. Nous n'avons pas à parler ici de Pic de la Mirandole qui devint son disciple fervent. Mais ne connaitrait-on que cela de Savonarole, ne serait-ce pas assez pour la gloire d'un homme de s'être imposé à de pareils esprits ?

D'après les apparences, peu furent aussi captivés que Sandro Botticelli.

M. Steinmann cite un fragment de sermon de Savonarole, dans lequel celui-ci, parlant éloquemment de Marie, voit en elle la prescience des futures douleurs. D'après cet écrivain, Botticelli dut connaitre le sermon et s'en souvenir lorsqu'il peignit ses madones. Pourtant, celles que l'on nous représente comme des œuvres de jeunesse ont à quelque degré déjà cet air de prescience.

Au palais Pitti, dans les appartements royaux, il est une *madone des roses* qui semble voir déjà le Crucifié divin sous les traits de ce petit enfant regardé par elle avec une tendresse douloureuse. Elle apparait très jeune, d'une beauté pure et pensive, et quand ses mains se joignent devant Jésus enfant, elle semble dire : « Comme il souffrira ! » Il y a des roses autour d'eux, mais Botticelli sait que les fleurs de la terre sont associées aux deuils ainsi qu'aux fêtes, et l'âme de Marie est loin de ces roses qu'il a mises là, comme pour attester leur impuissance.

Aux *Uffizi*, au Louvre, la *Madone du Magnificat* semble torturée par l'épreuve à travers laquelle lui apparaît la gloire. Il semble que le stylet avec lequel elle inscrit la prophétie de cette gloire s'échappe de ses mains. Aurait-elle la force de continuer, si elle ne puisait un courage surnaturel dans la présence même du doux Enfant qu'elle tient sur ses genoux ?

Au musée de Londres, Botticelli la peint à la fois douloureuse et sereine, et si belle, si pure aussi ! Mais le rêve de douleur est au fond de ses grands yeux. Alors il avait sans doute entendu Savonarole, et sa tendance première s'était affir mée davantage.

Le grand tableau de l'Académie des Beaux-Arts, à Florence, nous instruira sur les aspirations du maitre, sur les influences qu'il subissait.

La madone est assise avec cet air de jeunesse, de beauté, d'indicible souffrance qu'il aime à lui donner. Elle garde l'Enfant, et les anges, auprès d'eux, tiennent les clous et la couronne d'épines. Elle n'a pas besoin de regarder ces clous et cette couronne pour les voir, car elle les porte déjà dans son âme. Pour la peindre, Botticelli s'est souvenu du poète qu'il aimait, de cette admirable prière que Dante, au trente-troisième chant de la *Divine Comédie,* attribue à St-Bernard : « Vierge Mère, fille de ton fils, humble et haute plus que toute créature », car il a gravé ce premier vers :

Vierge Mère, fille de ton fils,

sur le marchepied du trône de la madone. On peut discuter pour savoir si Botticelli s'est souvenu d'une élégie de Politien, quand il peignit l'*Allégorie du Printemps*, mais personne ne soutiendra que la froide élégance de cette poésie ait eu le moindre écho dans les profondeurs de son esprit. Tout au plus il y aurait puisé quelques détails des circonstances extérieures. On reconnaîtra dans son œuvre deux influences : Dante et Savonarole, et ces deux influences sont fortement chrétiennes.

A Londres, au bas du tableau, *l'Adoration de l'Enfant*, il nous montre trois anges qui embrassent trois dominicains ; ces derniers figurent Savonarole et les frères prêcheurs qui partagèrent son supplice.

L'inscription lue au bas d'une autre toile proclame encore mieux son attachement aux idées de Savonarole.

Parmi les sujets sur lesquels s'évertua son art, il faut mentionner saint Augustin. Il peignit à plusieurs reprises cette belle figure de docteur et de converti. Sans doute une prédilection l'attirait vers l'évêque d'Hippone, vers celui qui, cherchant Dieu, interrogeait les choses, « alors que les choses lui répondaient par leur seule beauté ». Quand Botticelli, devenu vieux, refusait de peindre, avait-il une idée de cette beauté invisible, « toujours ancienne et toujours nouvelle », chantée par saint Augustin, trop supérieure aux manifestations de tout art, pour qu'il se complût en de nouvelles créations ?

Il illustra la *Divine Comédie* et l'on a prétendu qu'il écrivit un commentaire de Dante.

Maintenant il dort son dernier sommeil non loin de l'Arno, sous les dalles de cette église florentine d'Ognissanti où rien ne désigne sa tombe aux visiteurs. Le murmure de gloire qui bruit autour de son nom n'atteint pas cette dalle, mais à quelques pas de là, sur un mur de cette église, son esprit anime une admirable fresque de Saint Augustin représenté par lui dans sa chambre de travail, en pendant au *Saint Jérôme* du Ghirlandajo.

Jamais l'ardeur de l'effort intellectuel ne parut si visiblement unie à l'intensité de l'aspiration vers l'au-delà. A cette minute, saint Augustin cesse d'écrire... Il porte son écritoire dans sa main, il reprendra la besogne interrompue; mais Botticelli, qui ne se juge pas un saint, nous montrera dans son illustration du *Paradis* une crainte religieuse, quand il s'agira d'interpréter les symboles de l'invisible Beauté. Dédaigneux des louanges humaines, il se consacra fièrement à ce labeur et mourut pauvre, très pauvre. Un des derniers dessins qu'il acheva pour la *Divine Comédie* porte son nom tracé sur un écriteau tenu par un des anges chantant la gloire du Seigneur.

« Sandro di Mariano ! » Sentait-il l'approche de la mort ? et voulait-il mettre sa signature à la fin de son œuvre ? ou l'ange porteur de l'écriteau était-il le confident de son ultime espérance : celle de chanter bientôt, lui aussi, parmi le chœur des anges et des élus ? M. Steinmann se pose ces questions.

Certains esprits un peu étroits penseront que, si l'on admet qu'une âme religieuse s'exprime par la peinture de Fra Angelico, il est difficile de reconnaitre une âme religieuse dans l'art, si différent, de Botticelli.

Les âmes religieuses ont des nuances diverses, et l'art qui leur sert de manifestation est susceptible de revêtir toutes ces nuances. Fra Angelico nous transporte dans l'atmosphère de ses oraisons où règne une lumière céleste ; Botticelli est encore aux luttes de la terre ; et, tandis que les visages peints par le moine contemplatif respirent la joie sans fin ou la résignation sans limite, les figures représentées par Botticelli ont une sorte de lassitude, de tristesse nostalgique, une angoisse d'errer parmi ces jolies roses qu'elles sentent destinées à se flétrir ; une aspiration vers l'au-delà. Peintre religieux, il le fut. Demandez plutôt à Ruskin : celui-ci, dont l'imagination est grande, chacun le sait, va jusqu'à voir en lui un réformateur à l'instar de Luther et de Savonarole, qu'il a tort de confondre dans ses admirations, même en leur adjoignant, comme il le fait, Henri VIII. Voilà qui nous mène loin de ceux qui soupçonnaient Botticelli de perversité.

La robe de moine dont il couvre le Tentateur, lorsqu'il représente Jésus dans le désert, s'explique peut-être par le passage de l'Evangile qui nous montre l'esprit du mal cherchant à se servir des textes de l'Ecriture pour tenter le Sauveur, mais Botticelli a peint d'autres robes de moine, celles des dominicains embrassés par des anges et celle du Franciscain couronné par un autre ange.

Après avoir décoré la chapelle de Matteo Palmieri qui avait adopté une opinion d'Origène, il passa pour y avoir suivi les indications de Matteo, et la chapelle suspecte fut fermée, afin d'éviter des controverses, ce qui n'empêcha pas le Pape de recourir encore à Botticelli lorsqu'il s'agit de décorer sa propre chapelle. Quant aux circonstances de sa vie, Ruskin avoue y avoir vainement cherché de quoi justifier ses assertions. Ni réformateur, ni pervers, mais âme religieuse, ardente, éprise de l'au-delà, susceptible de défaillir, comme, ici-bas, toutes les âmes humaines, sincèrement altérées d'infini.

Mais à quoi bon remuer de grands mots lourds d'idées, à propos du maître qui fit glisser si légèrement ses déesses sur les fleurs ?

D'autres ont voulu le voir simplement humain, comme si elle était simplement humaine, la madone anxieuse qui pressent la destinée de l'Enfant, et comme si la plus consciente, la plus clairvoyante des mères de la terre, avait jamais eu ce regard qui sonde les épreuves de l'avenir !

Il dort dans sa tombe oubliée, en un coin perdu de l'église Ognissanti, Sandro, fils de Mariano, et je gage qu'il n'envie pas pour cette tombe les plaques de marbre dont l'Italie actuelle est si prodigue à la gloire de grands hommes dont la renommée n'a pas franchi la banlieue de leur cité.

Non loin de là, *Saint Augustin* nous parle de son âme, le saint dans le livre duquel il apprit encore mieux peut-être à vouloir contempler sans le voile des choses ce que nous aimons dans leur beauté, dans leur beauté dont lui, Sandro, nous fit deviner la transparence !

PISE

Décembre a des velléités printanières, et le jeune soleil matinal illumine les tuiles roses des toits, les maisons patinées par les siècles, « le beau fleuve Arno », les jolies, les délicieuses façades de l'architecture pisane, avec leurs marbres, leurs colonnettes, leurs statues.

La cathédrale, le baptistère, la Tour Penchée, sont les types accomplis de cette architecture, bien qu'on ait coiffé d'ornements gothiques les arcs romans du baptistère.

Architecture aux lignes douces d'une merveilleuse pureté, qui paraît dire : « Je veux la miséricorde et non le sacrifice », suivant les mots de l'Ecriture. Elle n'a pas les efforts prodigieux, ni les élans surhumains de nos cathédrales du Nord, mais, avec sa grâce légère, elle semble peser à peine sur le sol, et l'on n'est pas surpris de voir la Tour Penchée esquisser un mouvement de danse, comme les anges de certains tableaux primitifs. Le caractère de ces arcs romans est une sorte de charme paisible, de tendre sérénité.

Près de la cathédrale est le Campo Santo, avec son cloître idéal, œuvre de Giovanni da Pisa.

Et les siècles y passent silencieusement, effeuillant du bout des doigts quelques-unes des admirables fresques...

Santa Maria della Spina, chapelle de marbre, qui se baigne dans l'Arno, est ciselée comme un joyau d'orfévrerie. On aimerait à la serrer dans un écrin.

J'ai vu le ciel d'azur, l'Arno doré, les maisons aux toits roses, aux persiennes vertes, aux murs colorés, se découper dans l'ogive d'une de ses fenêtres ; et les eaux de l'Arno, qui emportèrent vers la mer tant de reflets glorieux, reçoivent dans leur sein l'image charmante du doux sanctuaire, et elles continuent à filer, elles fuient vers le grand large, comme les générations humaines qu'elles ont réfléchies tour à tour.

Santa Maria della Spina fut construite dans le lointain passé par des marins en partance.

Ils avaient un exquis sentiment de poésie, les hommes qui rêvèrent et accomplirent cette œuvre délicate.

Et le même sentiment se retrouve dans le choix de l'emplacement de la cathédrale. Le premier souffle annonçant le renouveau de l'art éveilla dans Pise cette floraison d'architecture et de poésie.

Hors de la ville active, les Pisans élevèrent cette église, ce baptistère, ce campanile, et consacrèrent ce Campo Santo.

Ce fut par excellence la cité du rêve, du souvenir, de la prière — la cité de l'âme. Le gazon croît aux alentours des édifices, et, dans leur robe de marbre, toute légère, toute brodée, ceux-ci sourient à leur vieil ami le soleil. L'antique muraille de Pise ferme l'horizon. Au-dessus de nous, le ciel bleu se déploie dans sa magnificence.

Les modernes savent construire des bourses, des gares, des lignes de tramways ; cela, certes, a du bon, ils savent dessiner des places monumentales et prétentieuses comme la place Victor-Emmanuel à Florence, dont l'utilité est plus contestable, mais ils n'auraient pas l'idée de créer ainsi une cité de l'âme, toute de beauté, pour la prière, le rêve et le souvenir.

Grâce aux ancêtres chrétiens, Pise a réalisé son poème. Le silence règne ici, le silence ami de l'âme ; seulement il se recueille lorsque les cloches s'ébranlent au sommet de leur campanile aérien, les cloches au rythme desquelles la Tour Penchée paraît, elle aussi, s'ébranler.

Etroit est le Campo Santo, dans la forme d'un long rectangle. Ces murs sont ouvragés et colorés, de même que les pages d'un beau missel. Ici sourit un exquis tableau de vendange, par Benozzo Gozzoli — prélude du sommeil de Noé. Au sommet de l'échelle, un jeune homme moissonne la treille ensoleillée et en dépose les grappes dans la corbeille que lève vers lui une jeune fille, aux mouvements gracieux. On s'étonne de voir ce joli rêve de vie fleurir sur le sommeil des morts. Je ne sais quel parfum d'amour printanier flotte dans l'atmosphère du couple gozzolien. Derrière les grandes scènes bibliques, de doux paysages toscans ouvrent aux yeux des perspectives infinies ; certains prennent une végétation d'aspect un peu plus méridional que ne le comporte celle de Toscane ; et

nous voyons aussi s'étager des cités de songe,
formées de palais et d'églises que Benozzo connut
çà et là, et qu'il se plut à rassembler pour charmer son caprice. Des villes aux palais roses, aux
coupoles arrondies, aux campaniles élancés, aux
loggie baignées d'air et de soleil. Le frisson du
moyen-âge n'est point absent de ces murailles : il
y a l'œuvre jadis attribuée aux Orcagna, puis à Lo-
renzetti, puis enlevée à l'école florentine et à l'école
siennoise par ceux qui pensent qu'elle appartient à
l'école pisane : l'effroyable apparition des trois cer-
cueils devant les personnages d'une chasse joyeuse,
et le joli jardin où l'on cause si doucement, où l'on
fait de la musique, où l'on caresse un petit chien,
alors que le monstre ignoré s'approche invisible-
ment, armé de sa faux. Le cloitre délicieux de Giovanni da Pisa abrite ces fresques, et certaines
s'effacent, et l'on dirait qu'un souffle d'automne a
passé dans le vieux cloître pour les effeuiller : on
s'attendrait à voir des pétales joncher le sol, mais
le sol ne nous présente que des tombes : mauso-
lées, sarcophages, bordent les galeries du cloitre ;
en outre, il y a beaucoup de petites places humbles, effacées, incrustées dans les dalles, qui portent aussi des noms ; sur l'une d'entre elles on
lit : *Benozzo Gozzoli.*

Des multitudes dorment en cet étroit enclos.
D'ardentes et violentes destinées y ont eu leur
terme ici-bas, et le calme est si grand sur ces vies
apaisées ; il y a là tant de charme, de douceur, de
beauté, d'émotion, que l'on cherche vainement des
mots pour le dire. Un doux tapis d'herbe s'étend

au milieu ; de chaque côté deux cyprès s'élèvent, comme deux colonnes ; leurs noires aiguilles ont la valeur d'une ponctuation très sobre, très nuancée, qui accentuerait pourtant le deuil d'un beau poème — ce poème de fresques et de marbre ; devant ces tombeaux, ces épitaphes, nous sentons le frôlement des siècles qui défilent en silence dans le cloître délicieux des morts.

Et la douceur de Pise ferait oublier le terrible drame d'Ugolin qui s'y passa, la Tour de la Faim dont nous avons vu l'emplacement, l'apostrophe passionnée de Dante :

« Oh ! Pise, la honte du beau pays où le *si* résonne ! »

NOUVELLE PROMENADE A FIESOLE

Nous quittons le tramway pour monter à pied de Saint-Dominique à Fiesole. La route que nous suivons, rétrécie entre une grille et un vieux mur, est celle que prenaient jadis les évêques de Fiesole pour revenir de Florence à leur ville épiscopale. Une inscription nous apprend qu'à la place de cette grille se trouvait alors une treille, appartenant à des moines, et sous laquelle se reposaient les anciens évêques.

Une odeur de passé flotte ici, mais des rosiers tout roses de fleurs sont perchés sur le vieux mur, et les petites roses ont l'air de sourire dans le beau soleil de décembre qui les baigne, par dessus l'ombre du chemin.

Plus haut, la vue reparaît, elle est bien belle de l'oratoire de Saint-Ansano.

Elle est peut-être plus belle encore de la route que nous suivons, afin d'aller en voiture de Fiesole à Menzola.

D'un côté la vallée de l'Arno, de l'autre celle du Mugnone ; des montagnes rousses dans le crépuscule bleu, puis des sommets neigeux à la blancheur immaculée ; des rideaux de pins qui se referment mystérieusement sur les horizons glorieux ; des châteaux, des villages, qui s'harmonisent avec les sites : à droite Majano, à gauche Settignano, là-bas Fiesole, que nous avons quittée. Fra Angelico, Mino, Benedetto, Desiderio, Michel-Ange, voilà les noms évoqués ici, voilà les paysages qui leur furent familiers et qui versèrent dans leur âme cette influence de beauté grave et recueillie comme le crépuscule de ce soir.

Michel-Ange avait coutume de dire qu'à Settignano il suça le génie de la sculpture avec le lait de sa nourrice.

Les cloches de Florence montent jusqu'à nous et semblent « pleurer le jour près de mourir. »

PISTOIA, PRATO

Au loin, des montagnes ; plus près, des collines ; une verte et onduleuse campagne semée de châteaux, de monastères, de villages, un pays que l'on sent lourd d'histoire, riche de légendes, et si beau, si harmonieux que les châteaux, les monastères, les villages, suspendus aux flancs des montagnes ou couronnant les sommets des collines, ont l'air d'avoir été mis là par une main d'artiste, comme un ornement ou un complément de sa beauté.

« Ah Pistoia, Pistoia, que ne décides-tu de te réduire en cendres ! » Pistoia se profile devant nous, la rude petite ville italienne que Dante appelle une « tanière ». Elle n'a pas gardé rancune à l'Alighieri, car beaucoup de ses habitants portent le prénom de Dante, et l'on remarque un café Dante près de la place Cino.

Les plus anciens artistes toscans, les vieux tailleurs de pierre antérieurs au grand renouveau d'art et de poésie, ont ici bégayé les premiers mots de cet art, au frontispice de certaines églises, dans la chaire de San Bartolomeo.

La cathédrale et le baptistère sont d'un style imitant un peu celui de Pise, mais avec moins de grâce et de légèreté, sans le luxe et la douceur des marbres.

Pistoia n'a pas comme Pise une cité de rêve, de souvenirs et de prières, voisine de la cité active ; au contraire, son palais communal est relié à la cathédrale, et vis-à-vis se trouve l'ancien palais du podestà. Toute la vie de Pistoia se concentre sur ce forum. Ces palais ont une beauté quelque peu farouche ; ils datent du XIVme siècle, et leur cour intérieure, même par ce clair soleil de décembre, recèle je ne sais quelle élégance âpre et forte sur laquelle les vieux murs jettent de lourdes ombres.

Les rues étroites sont celles où l'on se tua beaucoup jadis. Elles ont des voûtes, des recoins, des airs de couloirs ombreux, au bout desquels s'ouvrent parfois des bouts de perspectives ensoleillées. Elles virent des embuscades, des assassinats, à l'époque où les Blancs et les Noirs se disputaient la ville, guidés par les Panciatichi et les Cancellieri.

Cino da Pistoia, le doux poète, qui fut aussi jurisconsulte, a son tombeau dans la cathédrale, sculpté par Cellino di Nesi. Il est représenté au milieu de ses élèves parmi lesquels est Pétrarque, qui pleura sa mort dans un *canzone*. Lui-même avait adressé à Dante une belle consolation poétique. Il aima Selvaggia di Vergiolesi, morte dans une rude forteresse gibeline des Apennins.

Un exquis tableau de Lorenzo di Credi fait pressentir le sourire de Léonard.

La façade de l'hôpital est curieusement décorée de bas-reliefs en terre cuite, dus à un della Robbia, et représentant les vertus et les diverses œuvres de charité.

Ces cours, ces ruelles, ces palais aux bizarres corniches ; ces jardins qui s'étagent en terrasses et qui abritent des treilles, que bordent des arceaux ; ces vieux murs de la cité au-dessus desquels les montagnes sereines ont l'air de se délecter dans leur bain de soleil et d'air bleu ; tout cela nous transporte au lointain des âges, à l'époque où le sang coulait si vite, hélas ! et Pistoia apparaît comme une ville tragique où fleurit une double fleur d'art et de poésie. Les petites rues où l'on s'assassina dorment, paisibles, et la *loggia* du palais Panciatichi semble rêver à quelque longue attente dont elle fut jadis témoin.

Prato, fille de Florence, dit le poète, enguirlandée de lis, *ingigliata*. Les lis sont des œuvres d'art ; la cathédrale où Donatello et Michelozzo ont sculpté une chaire extérieure, animée par les danses de joyeux enfants, possède des fresques très célèbres de Filippo Lippi. Malheureusement, la lumière, des tentures rouges, un office, nous sont contraires, et nous pouvons à peine en admirer un fragment...

TABLE DES MATIÈRES